A volta de Mariana

Copyright © 2008 *by*
FEDERAÇÃO ESPÍRITA BRASILEIRA – FEB

1ª edição – Impressão pequenas tiragens – 1/2025

ISBN 978-85-7328-566-6

Todos os direitos reservados. Nenhuma parte desta publicação pode ser reproduzida, armazenada ou transmitida, total ou parcialmente, por quaisquer métodos ou processos, sem autorização do detentor do *copyright*.

FEDERAÇÃO ESPÍRITA BRASILEIRA – FEB
SGAN 603 – Conjunto F – Avenida L2 Norte
70830-106 – Brasília (DF) – Brasil
www.febeditora.com.br
editorial@febnet.org.br
+55 61 2101 6161

Pedidos de livros à FEB
Comercial
Tel.: (61) 2101 6161 – comercial@febnet.org.br

Adquirindo esta obra, você está colaborando com as ações de assistência e promoção social da FEB e com o Movimento Espírita na divulgação do Evangelho de Jesus à luz do Espiritismo.

Dados Internacionais de Catalogação na Publicação (CIP)
(Federação Espírita Brasileira – Biblioteca de Obras Raras)

R672v   Rocha, Cecília, 1919-2012

           A volta de Mariana / Cecília Rocha, Clara Araújo; [Ilustrações: Impact Storm]. – 1. ed. – Impressão pequenas tiragens – Brasília: Federação Espírita Brasileira, 2025.

           36 p.: Il. color.; 21cm. (Coleção Além da vida)

           ISBN 978-85-7328-566-6

           1. Literatura infantojuvenil espírita. I. Araújo, Clara. II. Federação Espírita Brasileira. III. Impact Storm. IV Título. V. Coleção.

CDD 028.5
CDU 087.5
CDE 81.00.00

Cecília Rocha e Clara Araújo

Ilustrações de Impact Storm

A volta de Mariana

FEB

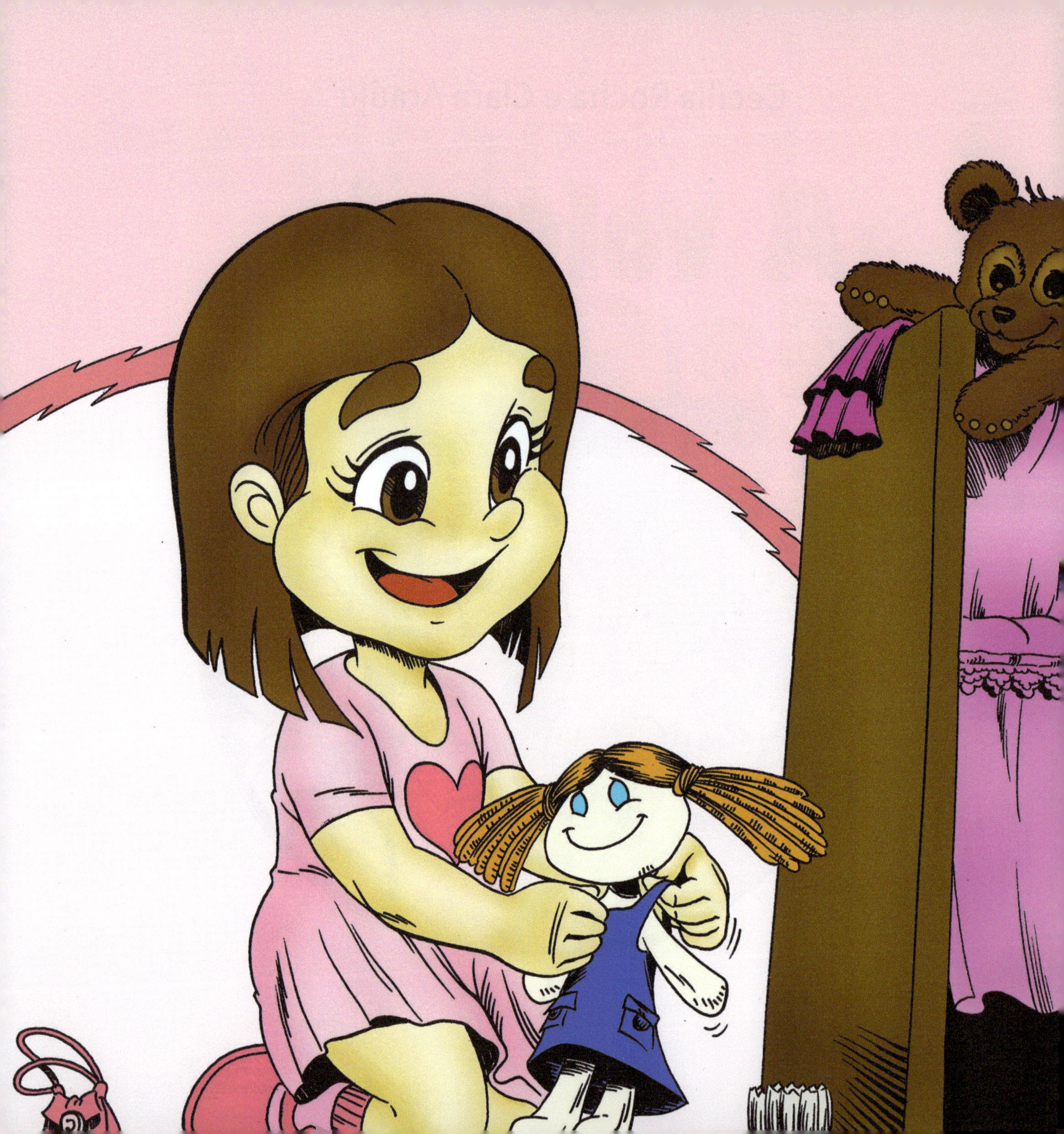

Celeste ajeitou a roupinha da boneca e, faceira, desceu as escadas de sua casa, ao encontro da avó. Estava ansiosa pelo passeio que faria com a sua família: seus pais, sua vovó, seus tios e primos. A menina tinha oito anos e todos diziam ser uma criança encantadora.

— Celeste — disse a avó —, vamos nos apressar, pois estamos atrasadas para o passeio. Seus pais já nos esperam no carro.

— Ora, vovó, eu estava arrumando a "Milu", ela tem que sair bem bonita – justificou Celeste.

AU!
AU!
AU!

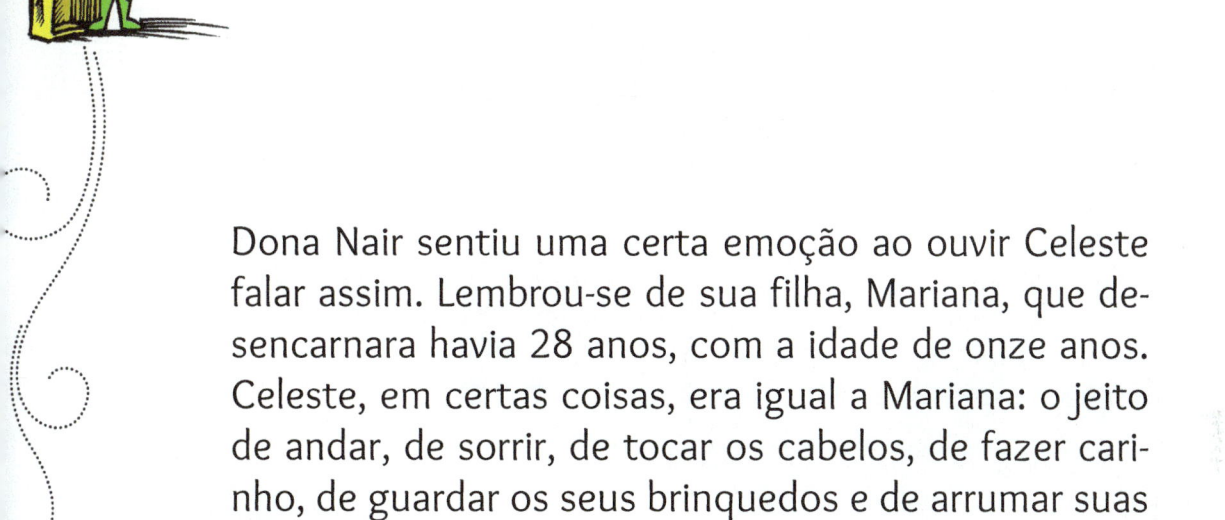

Dona Nair sentiu uma certa emoção ao ouvir Celeste falar assim. Lembrou-se de sua filha, Mariana, que desencarnara havia 28 anos, com a idade de onze anos. Celeste, em certas coisas, era igual a Mariana: o jeito de andar, de sorrir, de tocar os cabelos, de fazer carinho, de guardar os seus brinquedos e de arrumar suas bonecas para passear.

Roberto, o pai de Celeste, chamou-as:

— Mamãe, Celeste, venham logo, não há tempo a perder. A barca sai daqui a quarenta minutos e até chegarmos à estação leva tempo.

As duas correram e entraram no veículo, onde estava a mãe de Celeste, dona Lúcia.

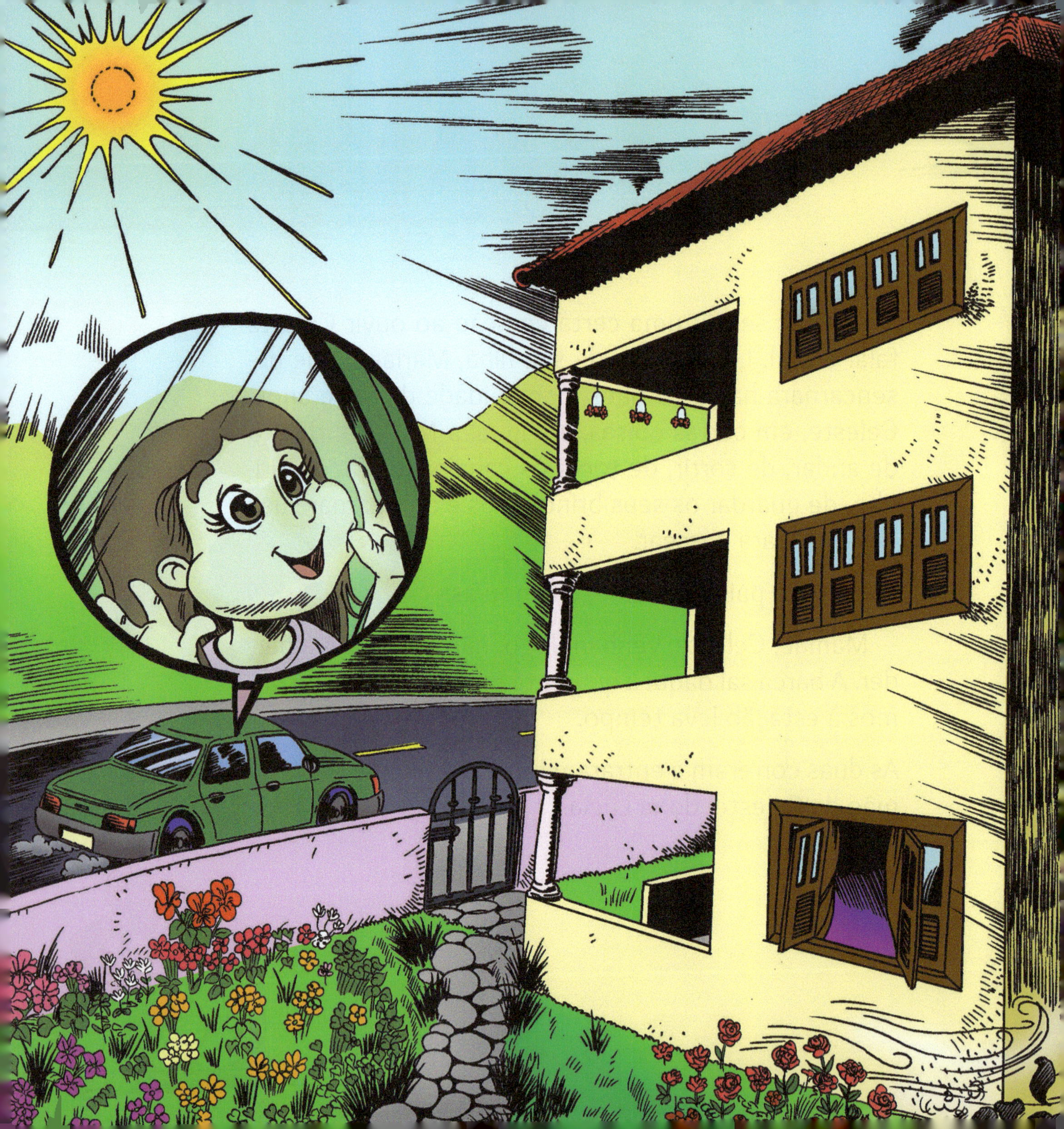

Quando o carro trafegava pelas ruas, repentinamente, Celeste gritou:

— Olhem a nossa "outra" casa. Pare, papai, quero visitá-la — e, dizendo isso, apontava para um casarão de estilo antigo, com gracioso jardim de rosas e gerânios.

Seus pais e a avó entreolharam-se, surpresos com a manifestação da menina. Como ela poderia saber que a família da avó tinha residido naquela casa? Não haviam comentado nada sobre o fato e nunca passavam por aquele local!

O Sr. Roberto, mesmo impressionado com a reação da filha, falou:

— Não posso parar, Celeste; a barca que tomaremos sairá dentro de alguns minutos. Seus tios e primos estão nos aguardando na estação e, se atrasarmos, nós e eles a perderemos.

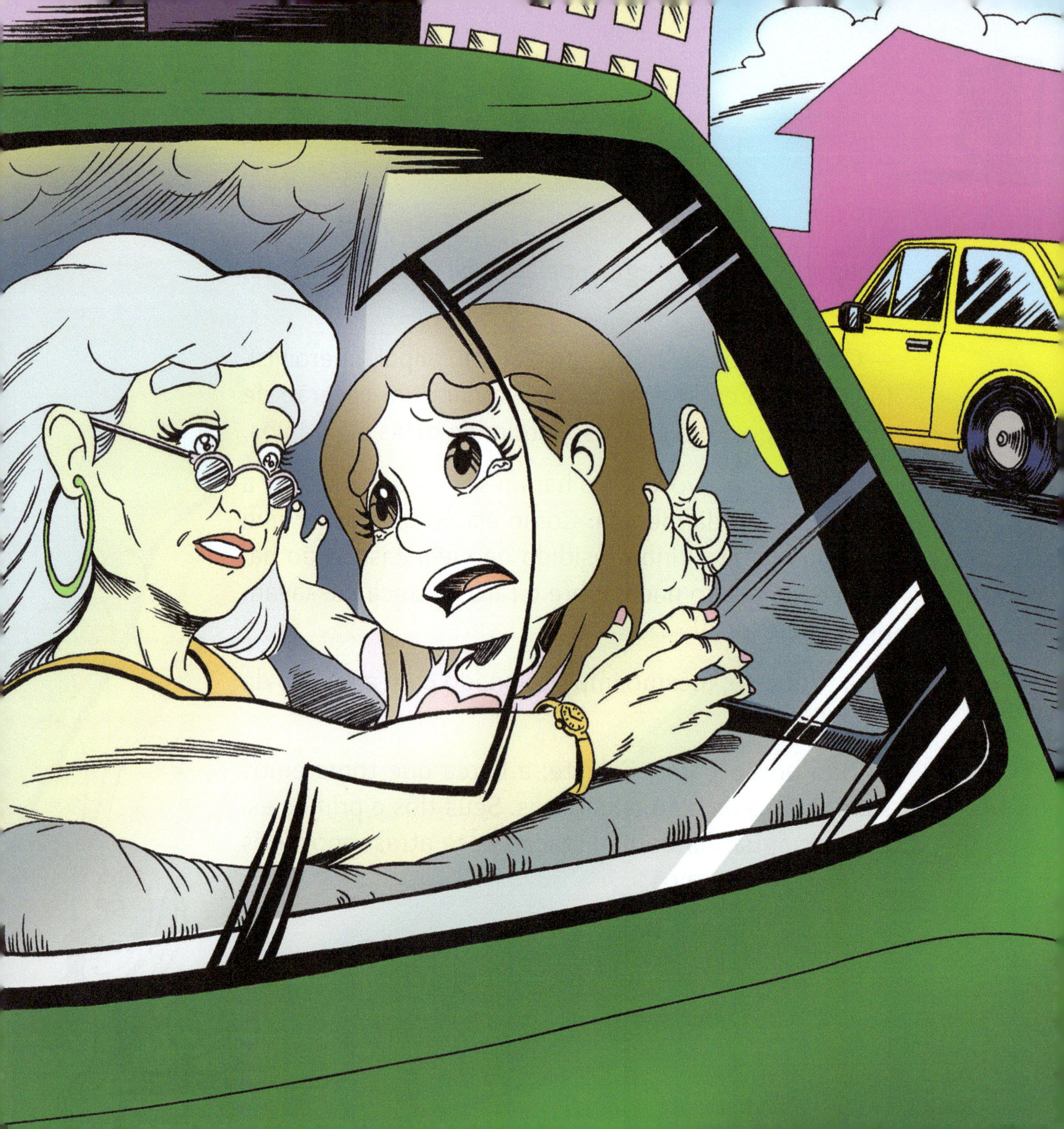

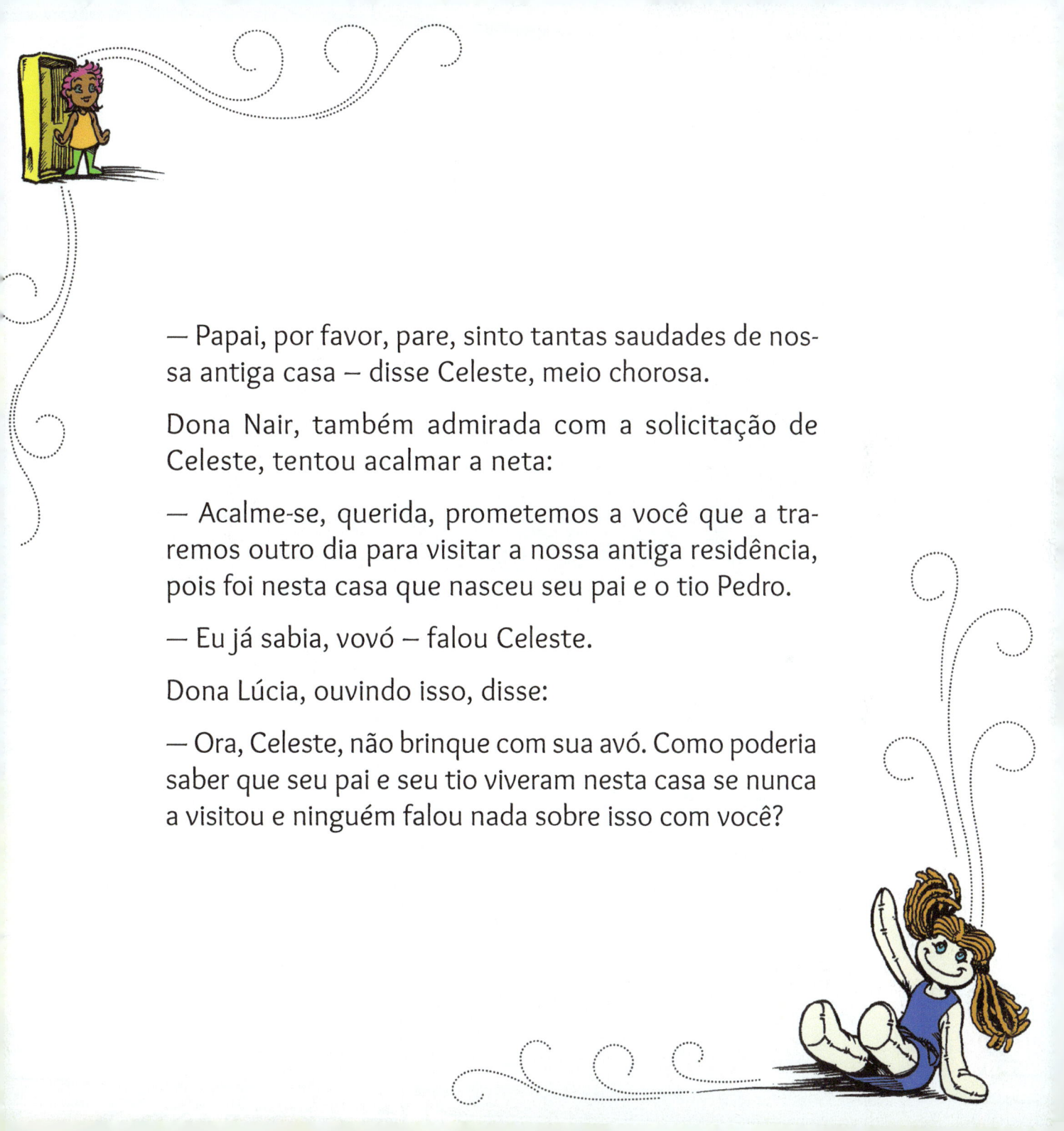

— Papai, por favor, pare, sinto tantas saudades de nossa antiga casa — disse Celeste, meio chorosa.

Dona Nair, também admirada com a solicitação de Celeste, tentou acalmar a neta:

— Acalme-se, querida, prometemos a você que a traremos outro dia para visitar a nossa antiga residência, pois foi nesta casa que nasceu seu pai e o tio Pedro.

— Eu já sabia, vovó — falou Celeste.

Dona Lúcia, ouvindo isso, disse:

— Ora, Celeste, não brinque com sua avó. Como poderia saber que seu pai e seu tio viveram nesta casa se nunca a visitou e ninguém falou nada sobre isso com você?

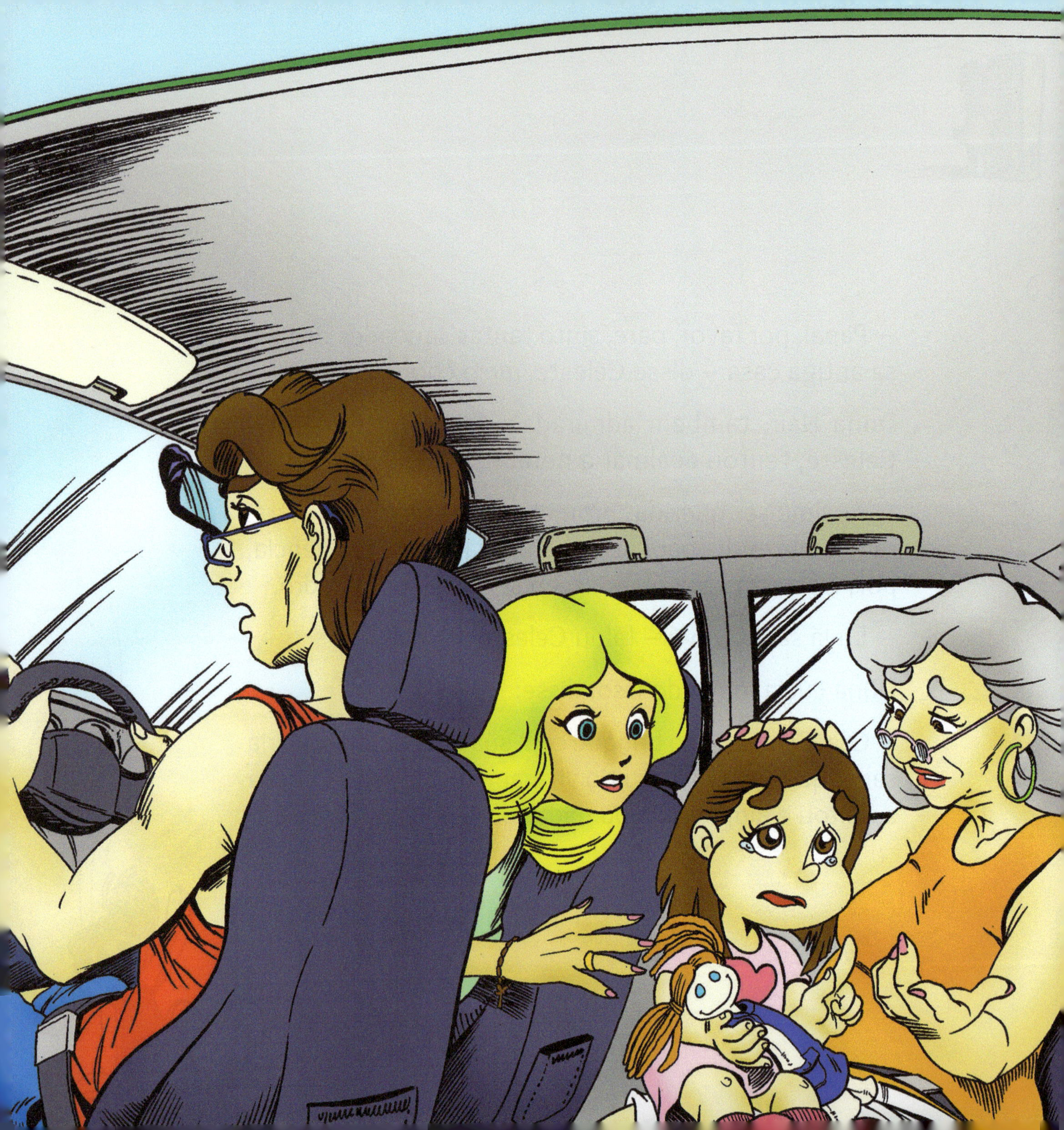

— Não fale assim, mamãe! Eu também já morei no casarão – respondeu Celeste sob forte emoção.

O pai, preocupado com as palavras de Celeste, retrucou firmemente:

— Minha filha, vamos parar com essa teimosia e obedeça à sua mãe, que lhe pede para respeitar sua avó.

— Está bem, papai. — E, virando-se para dona Nair, disse-lhe, um pouco triste: — Não esqueça de sua promessa, vovó.

Dona Nair estava intrigada. Tinha certeza de que nunca falara para Celeste sobre aquela casa.

Roberto e Lúcia também não entendiam o que estava acontecendo e, naquele dia, não falaram mais sobre o assunto com a filha.

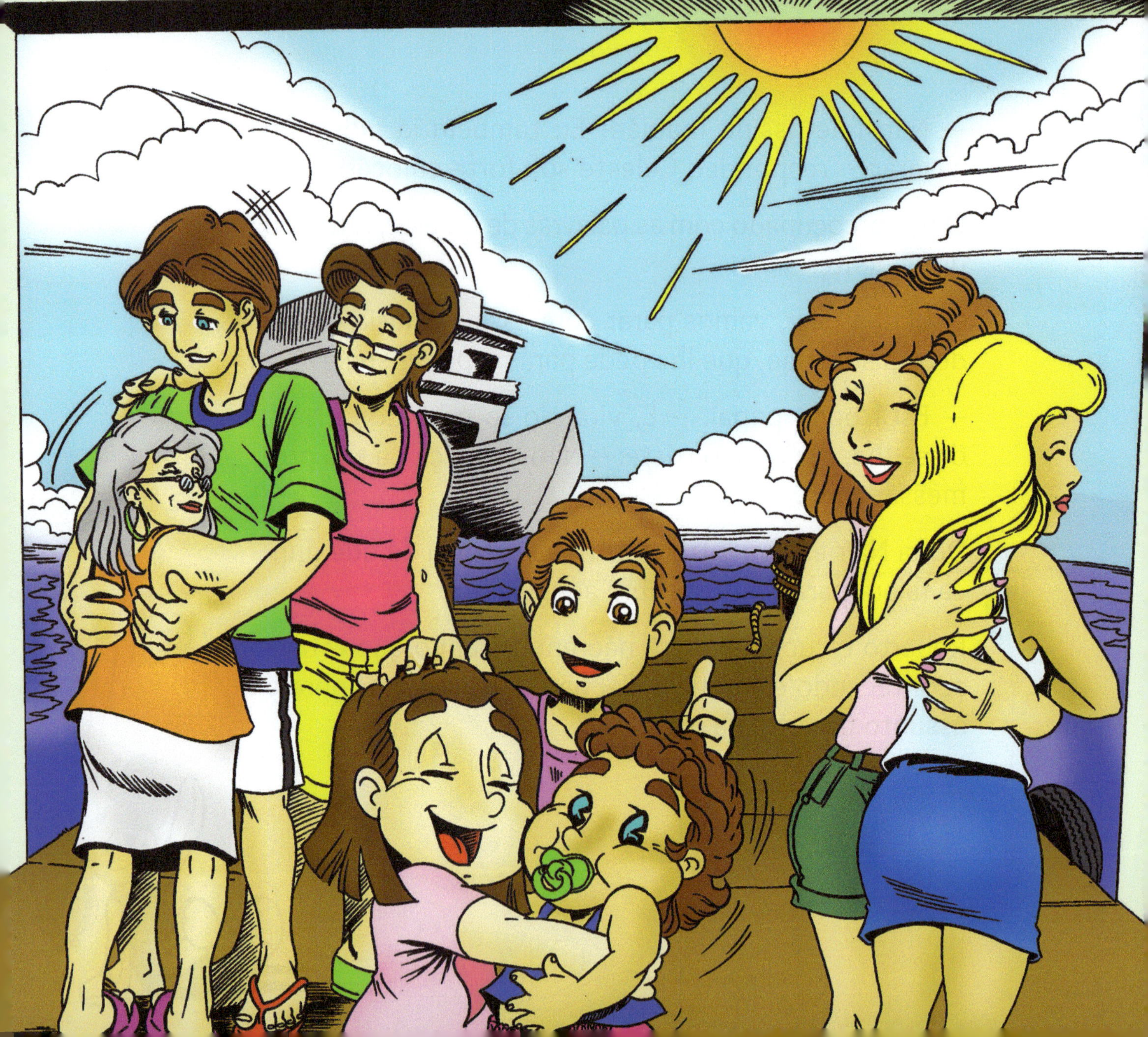

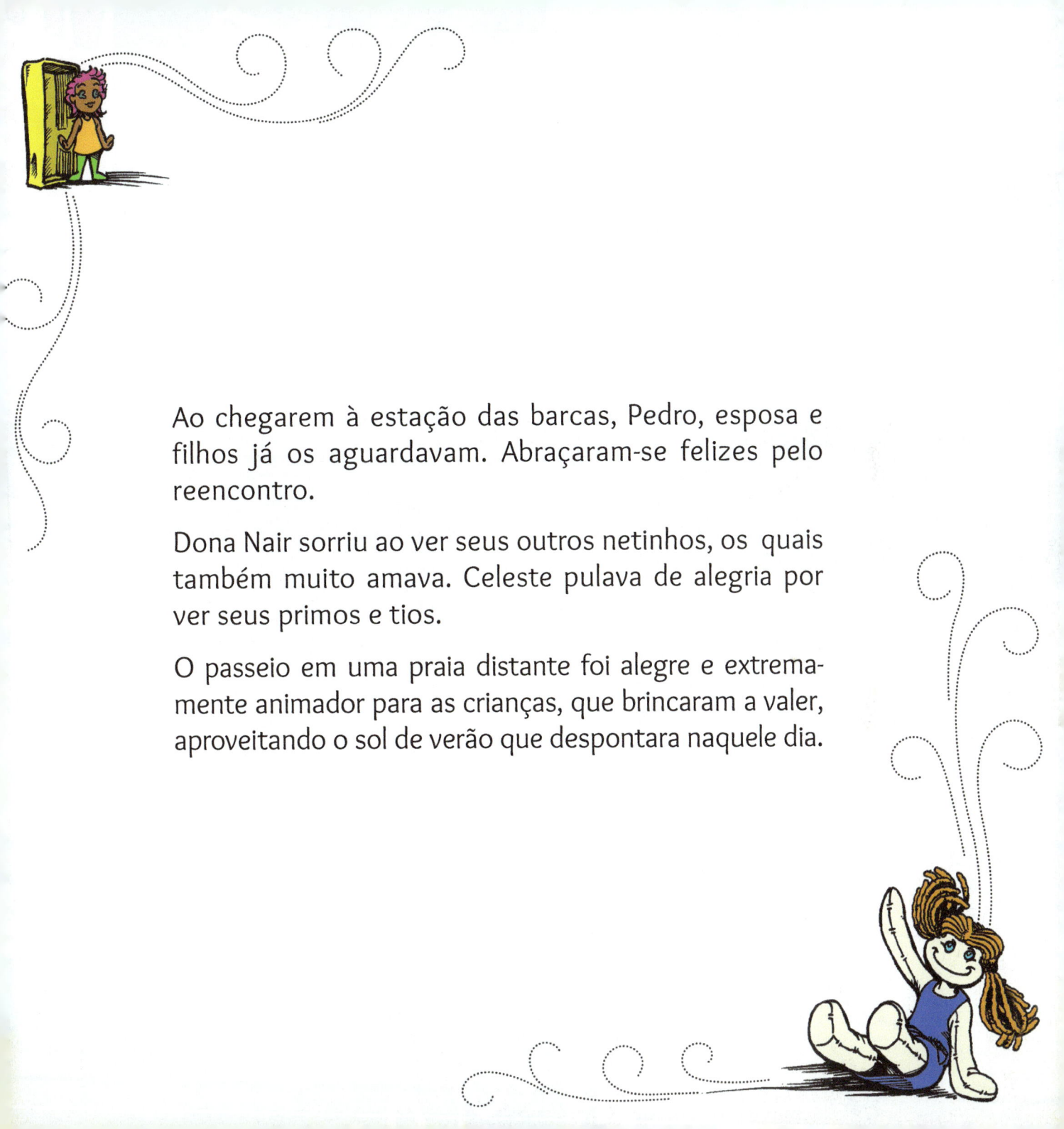

Ao chegarem à estação das barcas, Pedro, esposa e filhos já os aguardavam. Abraçaram-se felizes pelo reencontro.

Dona Nair sorriu ao ver seus outros netinhos, os quais também muito amava. Celeste pulava de alegria por ver seus primos e tios.

O passeio em uma praia distante foi alegre e extremamente animador para as crianças, que brincaram a valer, aproveitando o sol de verão que despontara naquele dia.

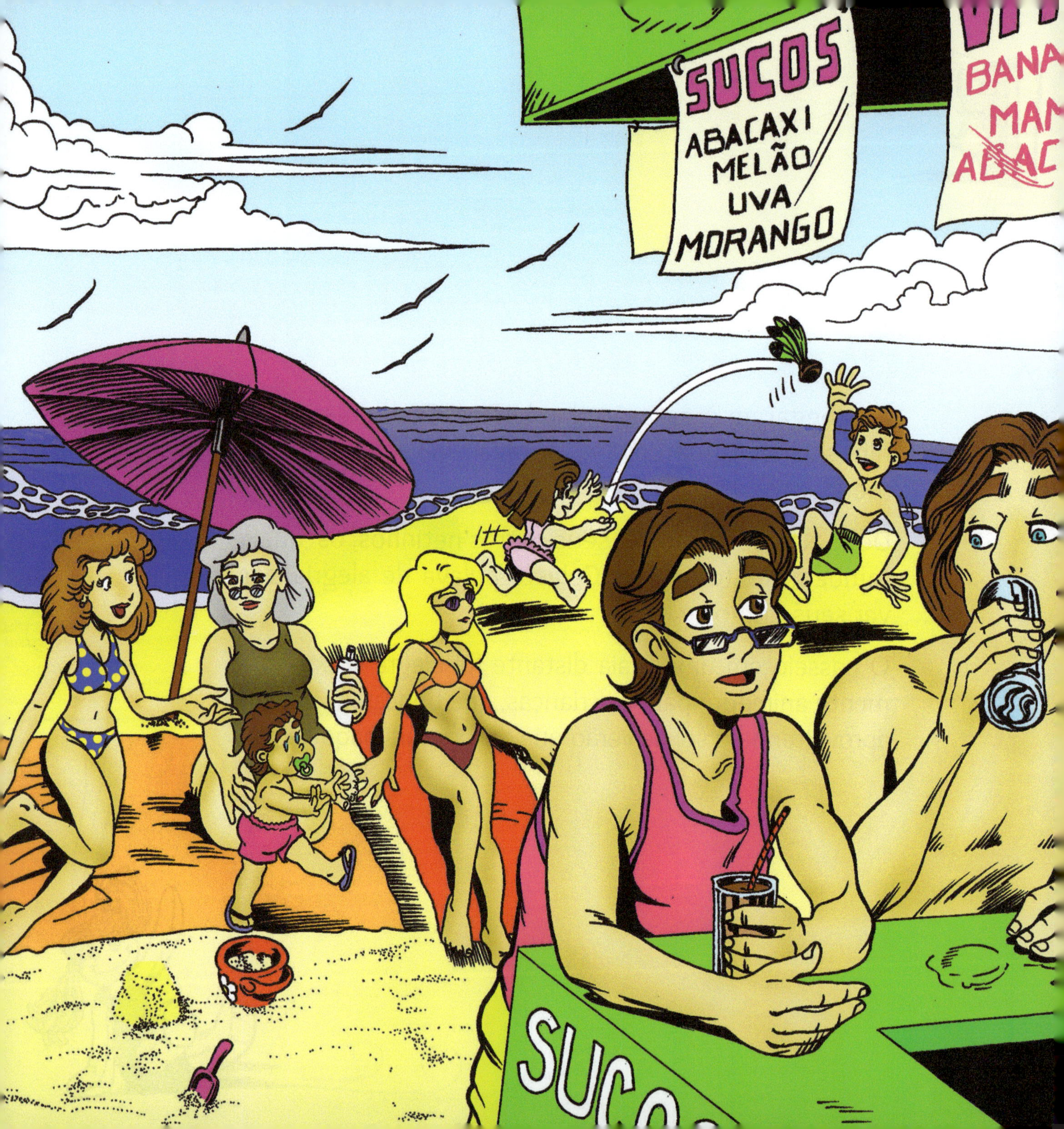
SUCOS
ABACAXI
MELÃO
UVA
MORANGO

Roberto contou o que tinha acontecido para o seu irmão Pedro, perguntando-lhe se, em algum momento, ele havia comentado com Celeste sobre a casa onde teriam residido quando crianças.

— É claro que não — respondeu Pedro. — Sempre senti uma tristeza enorme pela morte de nossa irmã Mariana e não gosto de recordar aqueles dias...

Ao retornarem a casa, de noite, Celeste dormia nos braços da mãe, cansada das inúmeras brincadeiras que realizara com os primos.

Entretanto, na manhã seguinte, levantou cedo e correu para o carro da avó.

— Bom dia, vovó! Você prometeu me levar à nossa antiga casa. Podemos ir agora?

— É claro que prometi, mas é muito cedo e preciso pedir autorização aos seus pais.

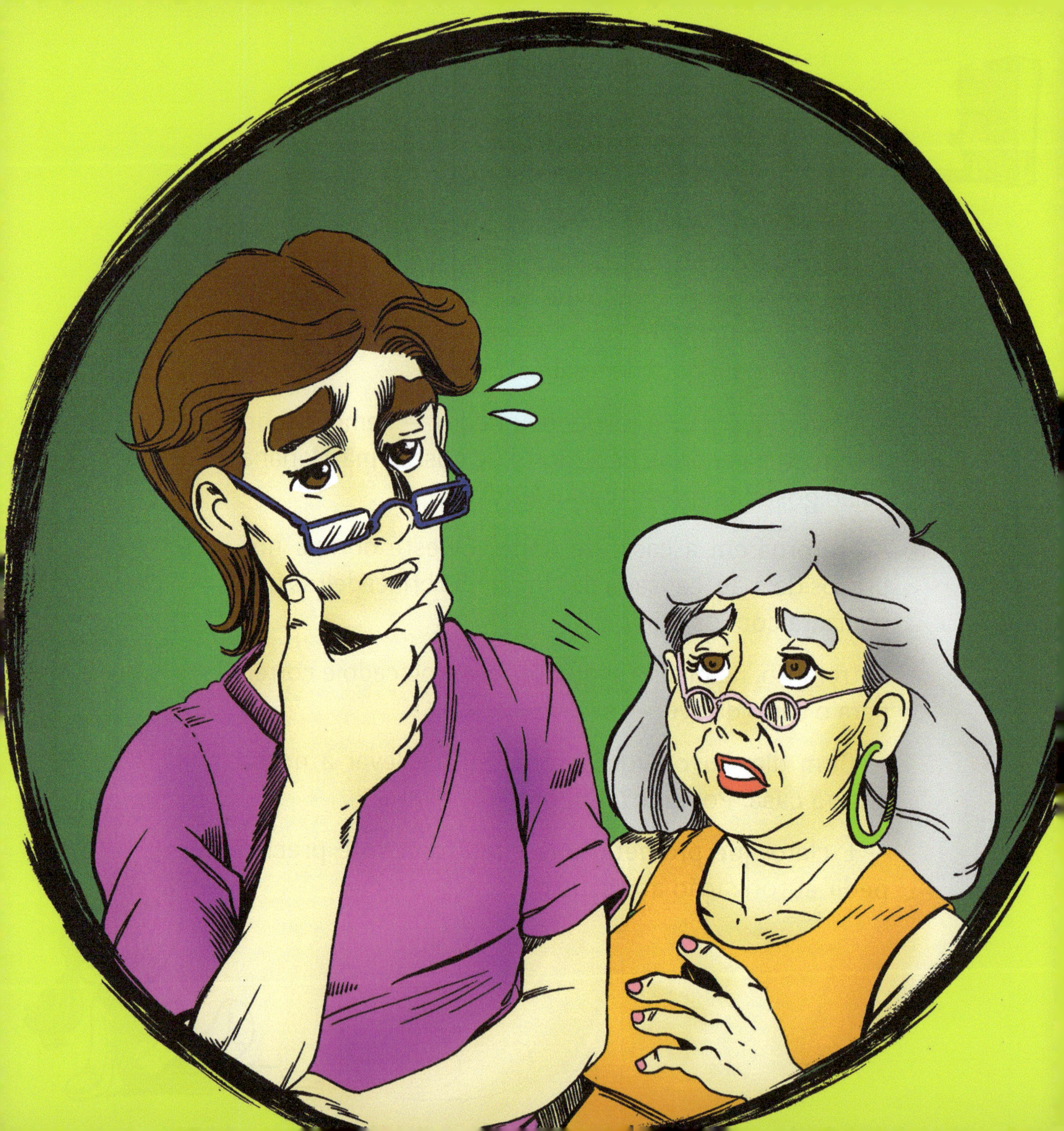

Dona Nair estava preocupada. Pensou que a neta havia esquecido o fato ocorrido no dia anterior, mas, pelo jeito, estava decidida a ir ao casarão. Falou com o filho a respeito do pedido que Celeste lhe fizera, mas o pai da menina não gostou.

— Desculpe, mamãe. Eu não a deixarei ir. Celeste é uma criança imaginativa e gosta de sonhar acordada. Isso é próprio das crianças. Inventam histórias e acabam querendo que elas sejam reais... Pura fantasia!

— Mas, meu filho, como explicar o fato de Celeste reconhecer a nossa antiga casa sem nunca ter estado nela?

— Ora, mamãe, alguém deve ter lhe falado sobre isso!

— Não sei, meu filho, é tudo muito estranho... Contudo, como você não permite que ela vá, pedir-lhe-ei que desista dessa visita.

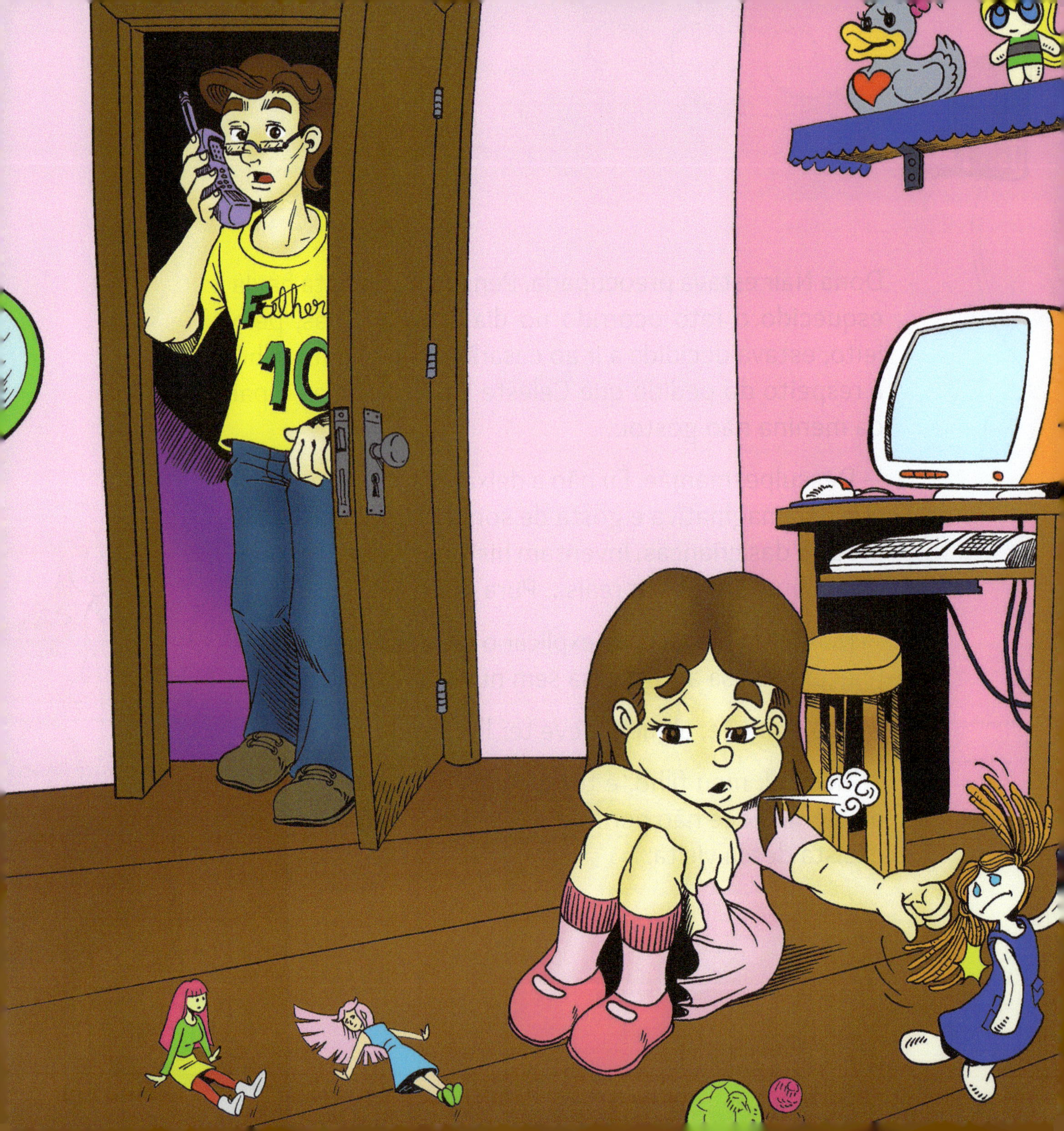
Father
10

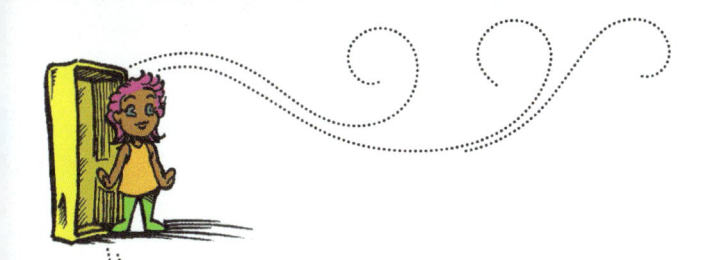

Celeste ficou muito triste com a proibição do pai e, a partir daquele dia, passou a agir diferentemente: já não sorria, comia pouco e não brincava com seus colegas. Mesmo as bonecas não eram mais arrumadas para passear... Na escola, passou a tirar notas baixas por não se preocupar com os estudos.

Dona Nair, após dois meses, voltou a falar com o filho sobre o assunto.

— Meu filho, eu sei que você e Lúcia são pais zelosos e querem o melhor para Celeste, mas, desde que deixamos de cumprir a promessa de levá-la ao casarão, ela se modificou. Por favor, permita-me que a leve à nossa antiga residência. Aliás, seria interessante que vocês fossem conosco.

— Está certo, mamãe. Se a senhora acha que isso fará bem a Celeste, nós iremos, pois estamos muito preocupados com o seu comportamento e temos receio de que ela acabe doente.

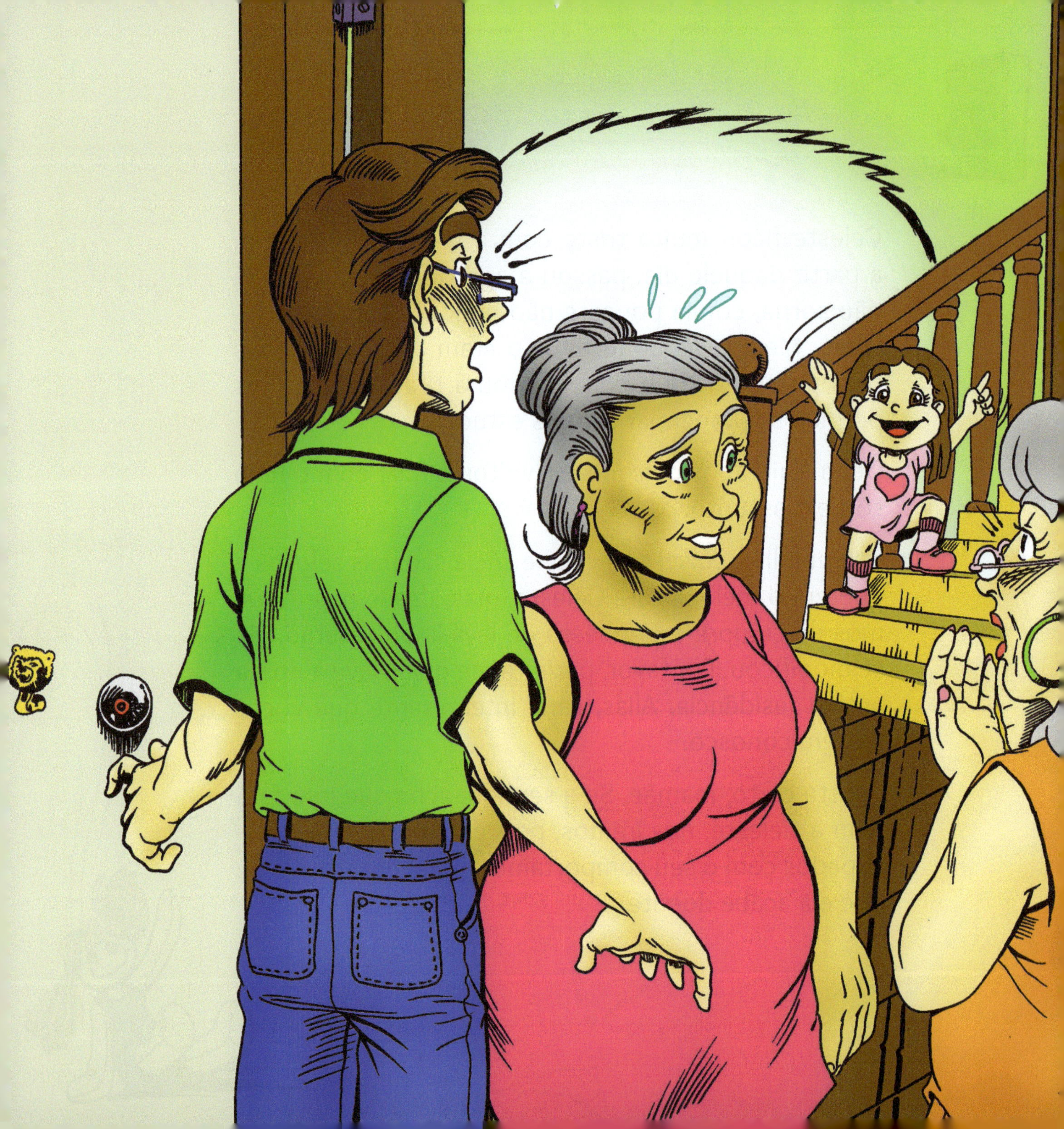

Celeste exultou de contentamento ao saber que poderia visitar a sua antiga casa. Naquela noite não conseguiu dormir direito...

Pela manhã, os pais e a avó a levaram, finalmente, ao casarão.

Ao chegarem, Roberto explicou à dona da casa, a senhora Júlia, uma pessoa muito simpática, o motivo da visita.

Dona Júlia deixou-os entrar e sorriu ao ver a menina subir, correndo, as escadas, à procura do que dizia ser o seu quarto, no andar de cima.

Roberto estava envergonhado com a reação de Celeste e, voltando-se para dona Júlia, disse:

— A senhora desculpe este transtorno, mas minha filha teima em dizer que residiu nesta casa. Na realidade, fomos nós que moramos aqui: meus pais, meus irmãos e eu.

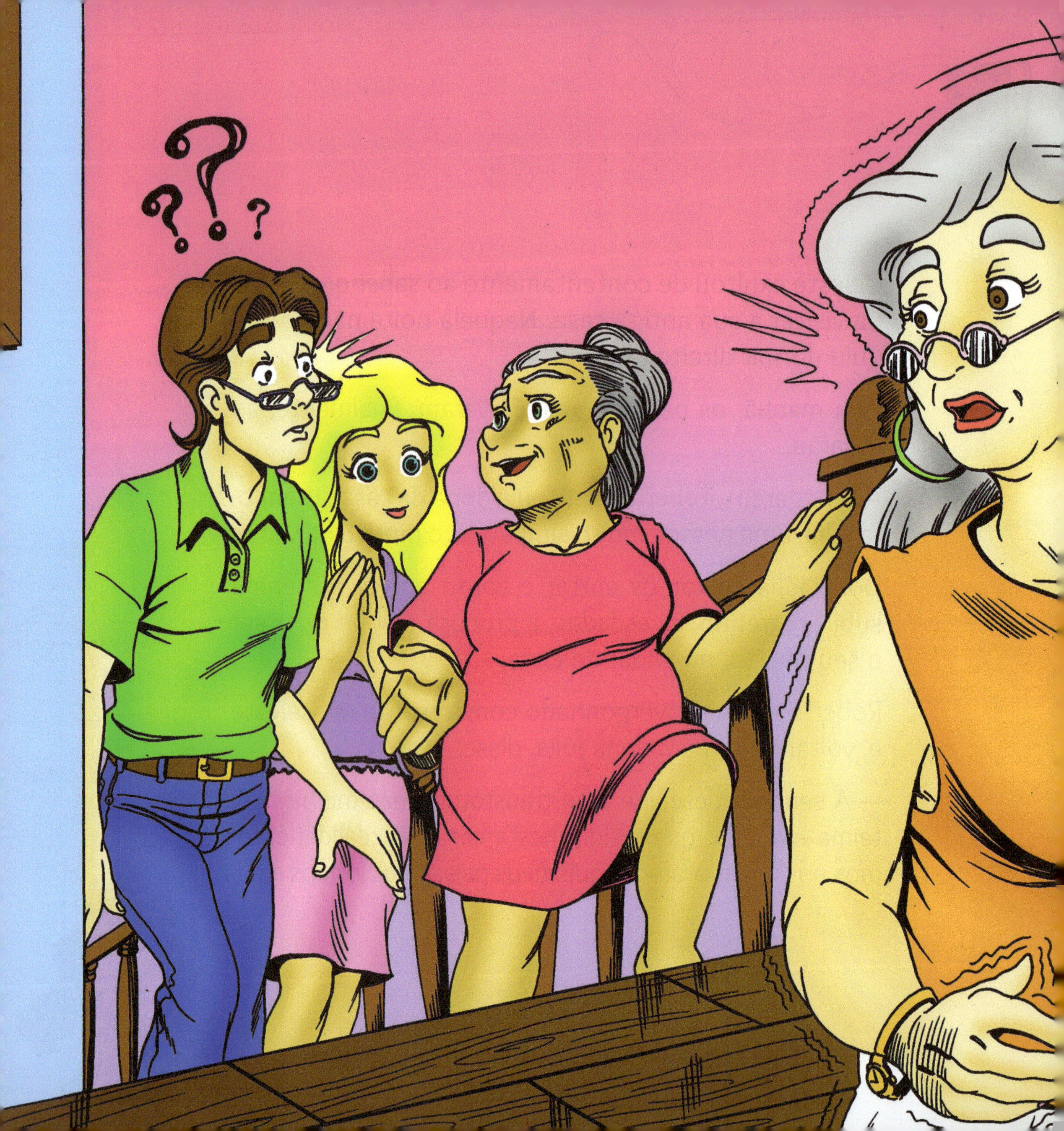

Ouviu-se o chamado de Celeste:

— Mamãe, papai, vovó, venham ver o meu quarto, que está um pouco diferente, mas lembro-me dele!

A família da menina estava constrangida sem entender o que se passava com Celeste. Dona Júlia, então, calmamente, afirmou:

— A reação da menina é típica de quem já viveu nesta casa em outra existência.

— Não estou entendendo — disse Roberto, impressionado com as palavras de dona Júlia.

— Pelo que vejo, o senhor não conhece o princípio da reencarnação, que consiste em permitir ao Espírito reencarnar em novo corpo de carne, após sua morte, na busca do seu aperfeiçoamento moral e intelectual.

— Que coisa extraordinária! — exclamou Roberto.

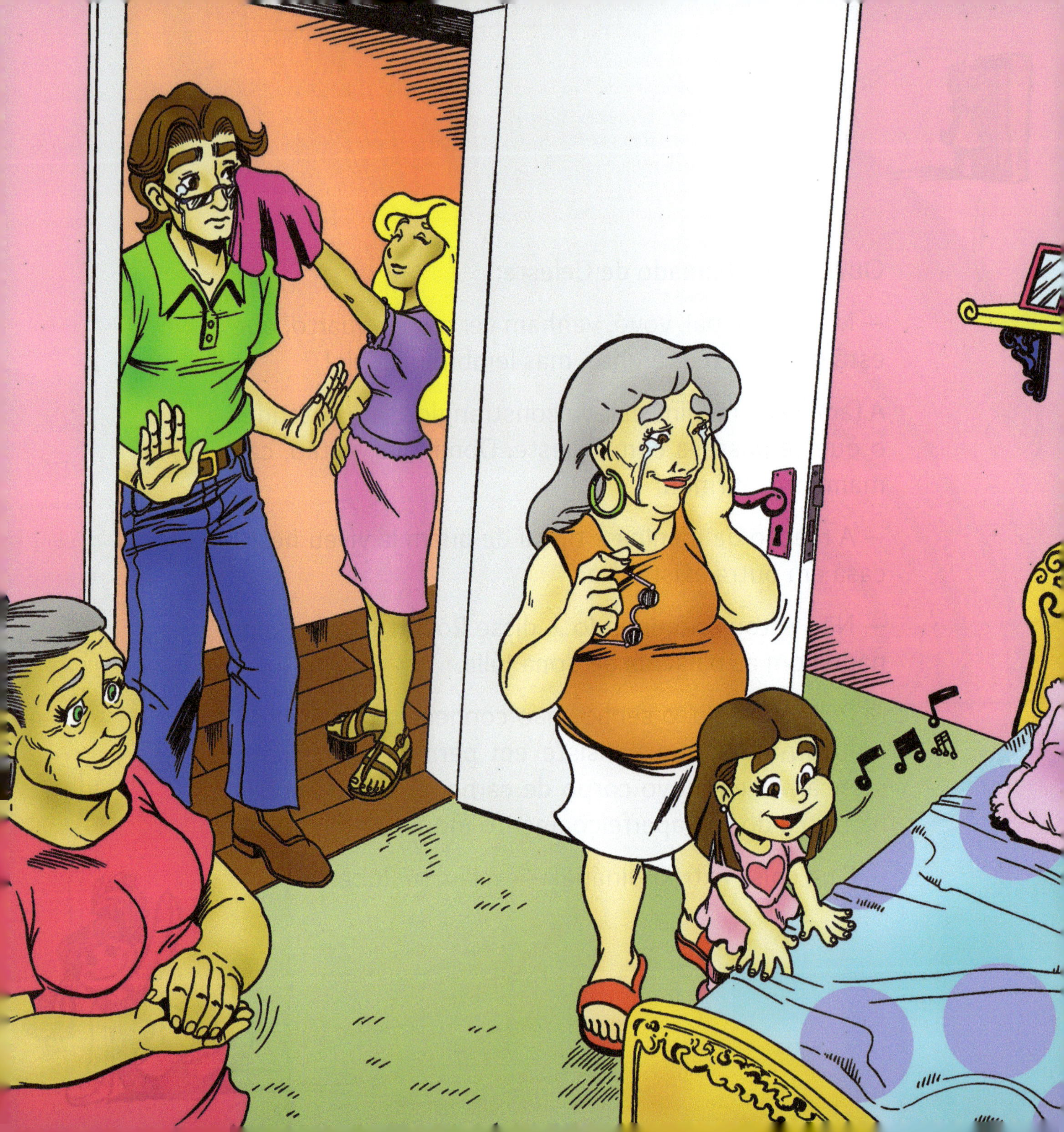

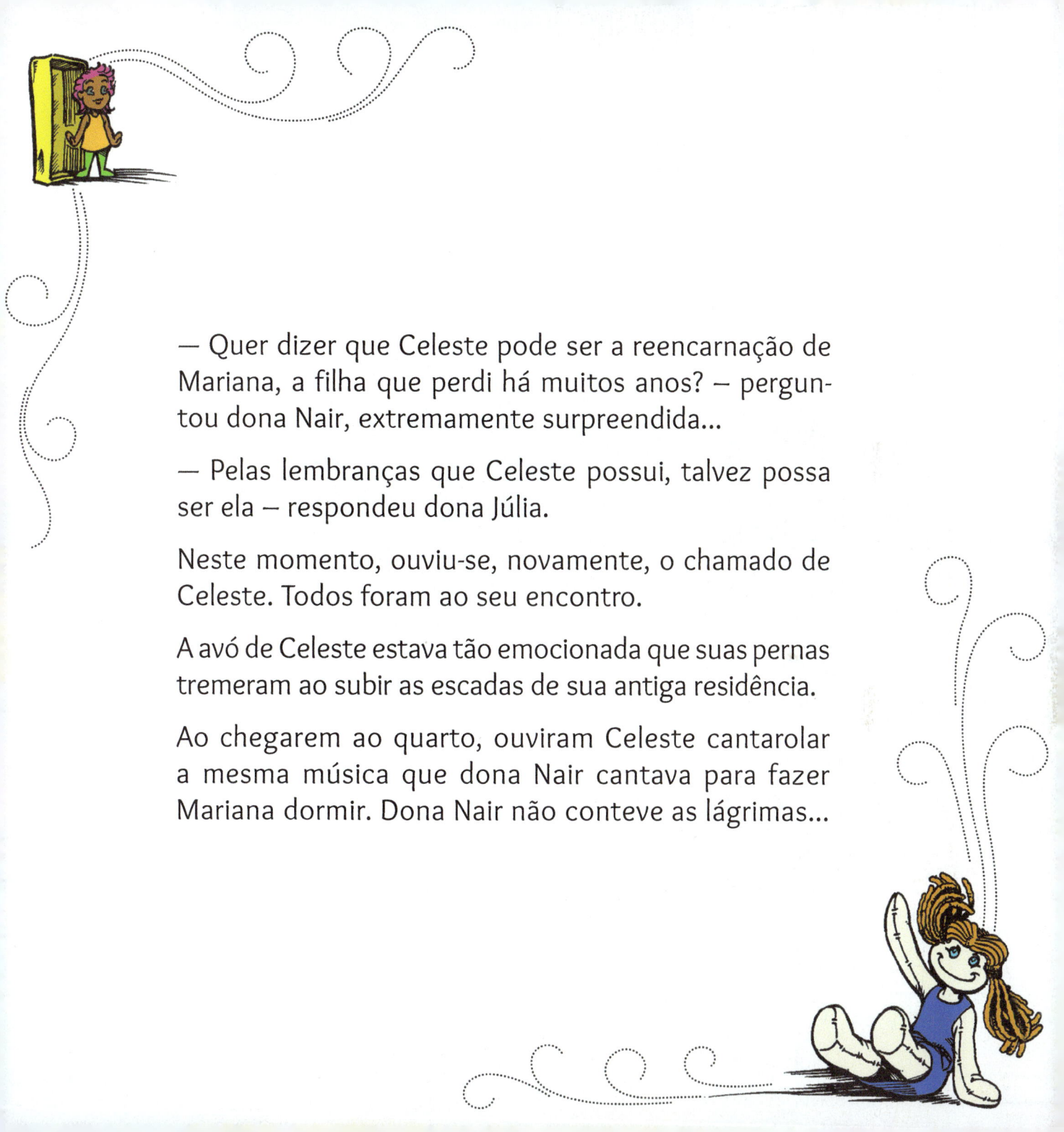

— Quer dizer que Celeste pode ser a reencarnação de Mariana, a filha que perdi há muitos anos? – perguntou dona Nair, extremamente surpreendida...

— Pelas lembranças que Celeste possui, talvez possa ser ela – respondeu dona Júlia.

Neste momento, ouviu-se, novamente, o chamado de Celeste. Todos foram ao seu encontro.

A avó de Celeste estava tão emocionada que suas pernas tremeram ao subir as escadas de sua antiga residência.

Ao chegarem ao quarto, ouviram Celeste cantarolar a mesma música que dona Nair cantava para fazer Mariana dormir. Dona Nair não conteve as lágrimas...

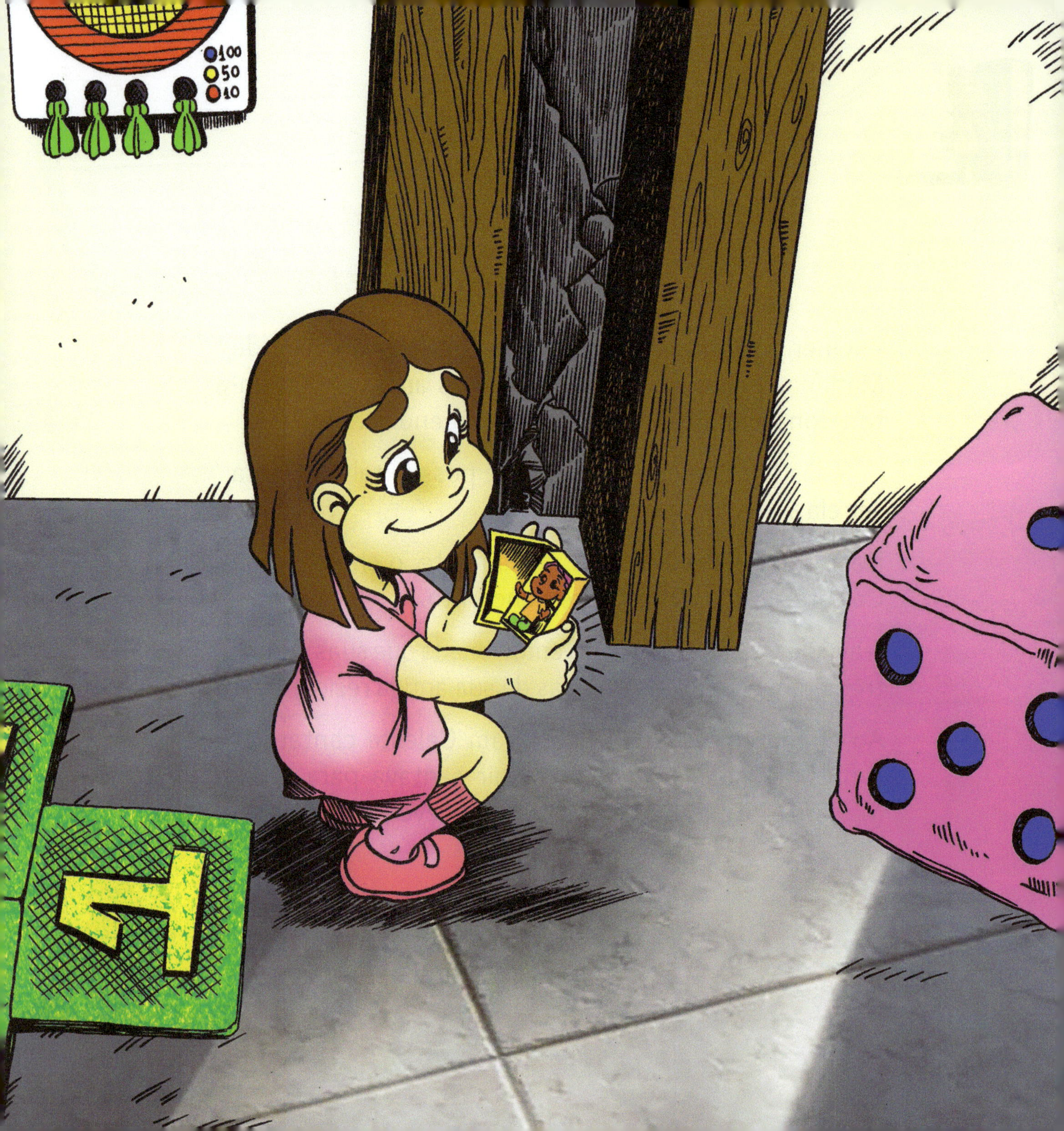
100
50
10

A menina insistia para que procurassem a boneca que ela guardara no sótão daquela casa. Roberto lembrou-se, então, que sua irmã Mariana solicitara a ele, quando crianças, que a ajudasse a guardar a boneca no sótão do casarão, onde gostavam tanto de brincar.

Dona Júlia atendeu ao pedido de Celeste e dirigiu-se com o grupo para o último andar da casa, onde se localizava o antigo sótão, agora transformado em sala de jogos para crianças.

Lá chegando, Celeste correu em direção a um dos cantos da sala, colocando sua mão em uma reentrância, por trás de duas vigas de madeira grossa, retirando dela diminuta caixa, contendo pequenina boneca. Ela estava lá, escondida, sem que ninguém, durante tantos anos, a encontrasse.

— Vejam, achei "Dedé", minha querida boneca! Pobrezinha, quanto tempo ela ficou aqui... — dizia Celeste, abraçada ao brinquedo.

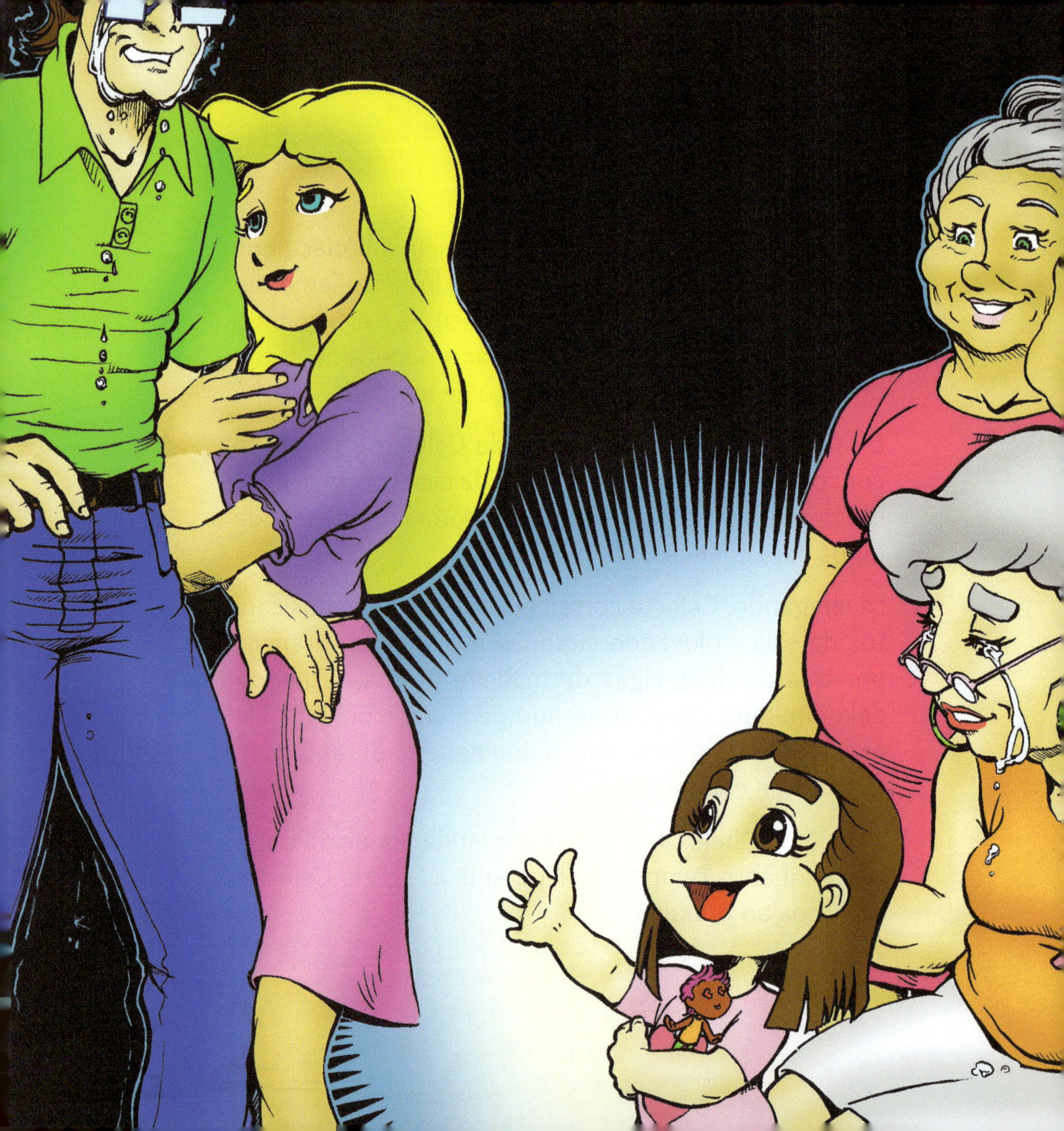

A emoção tomou conta de todos!

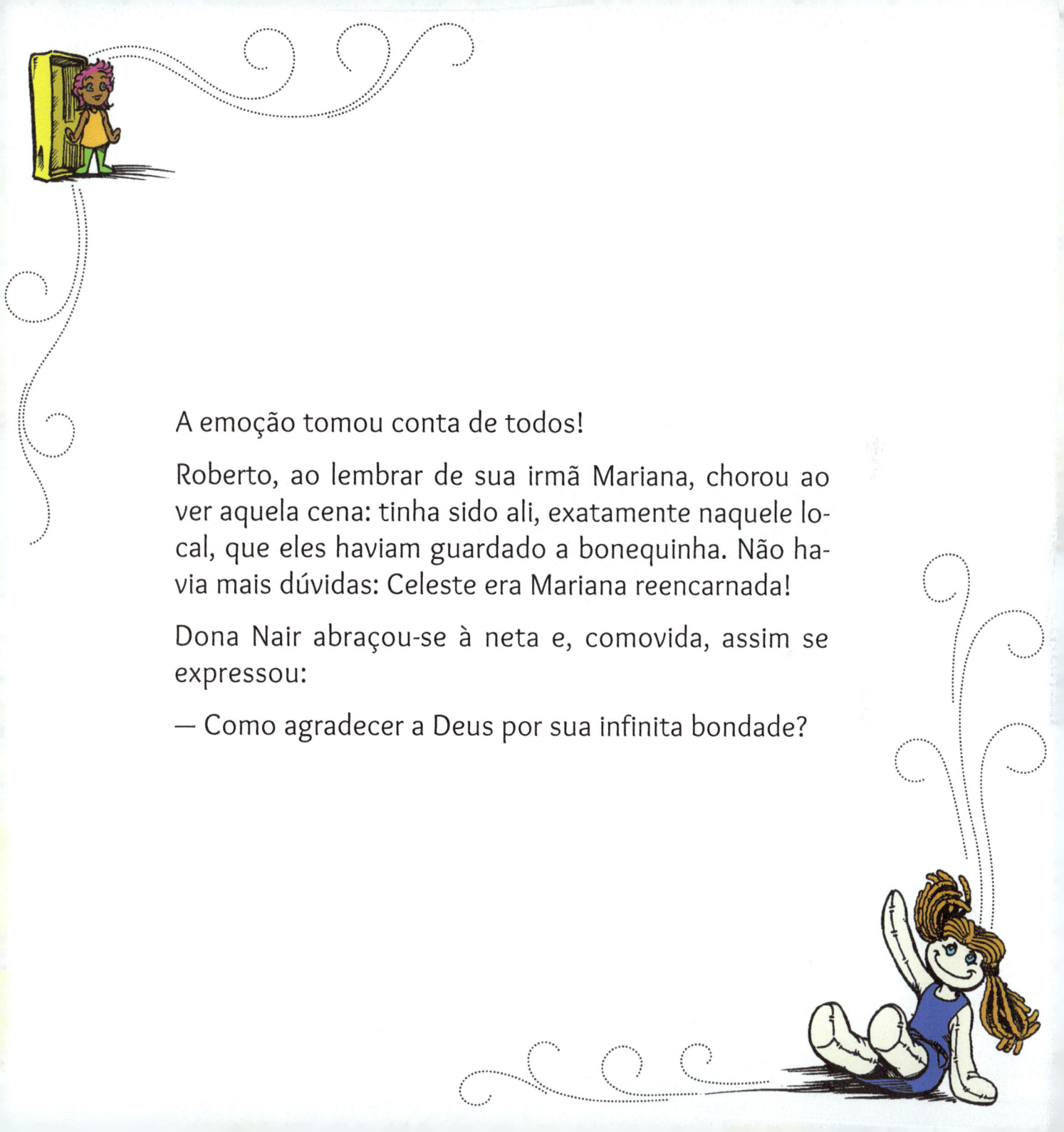

Roberto, ao lembrar de sua irmã Mariana, chorou ao ver aquela cena: tinha sido ali, exatamente naquele local, que eles haviam guardado a bonequinha. Não havia mais dúvidas: Celeste era Mariana reencarnada!

Dona Nair abraçou-se à neta e, comovida, assim se expressou:

— Como agradecer a Deus por sua infinita bondade?

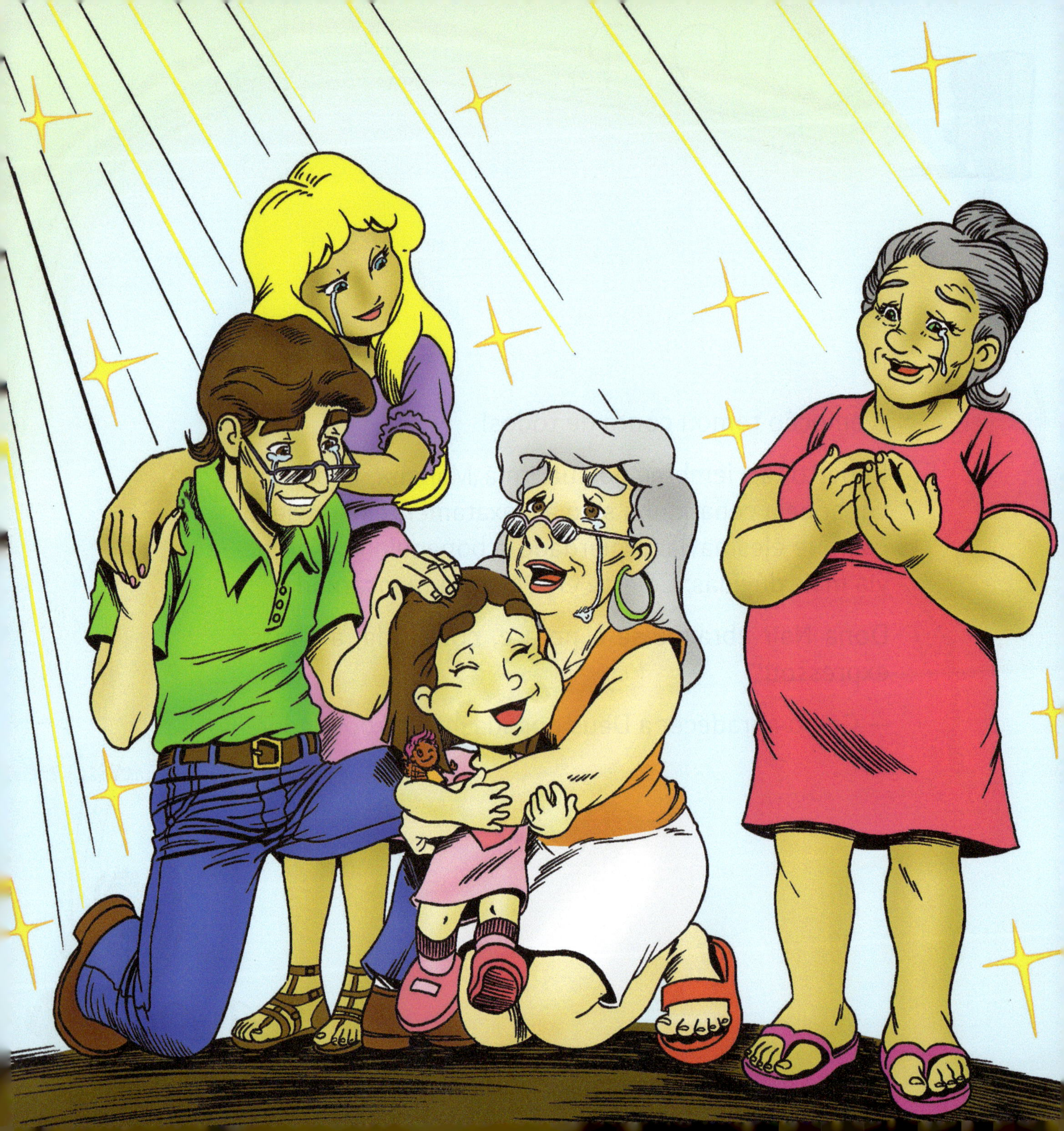

Quem respondeu foi dona Júlia:

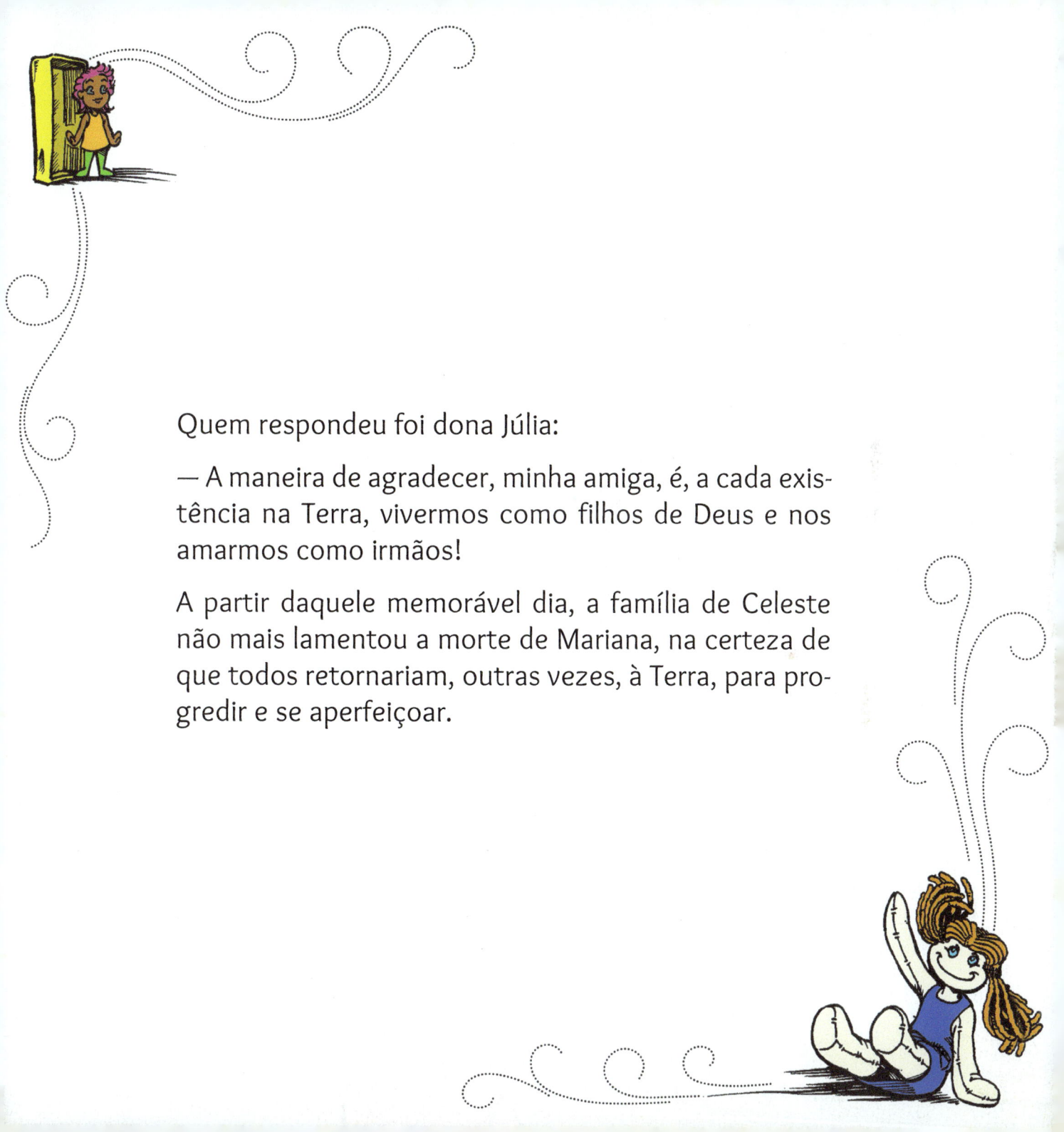

— A maneira de agradecer, minha amiga, é, a cada existência na Terra, vivermos como filhos de Deus e nos amarmos como irmãos!

A partir daquele memorável dia, a família de Celeste não mais lamentou a morte de Mariana, na certeza de que todos retornariam, outras vezes, à Terra, para progredir e se aperfeiçoar.

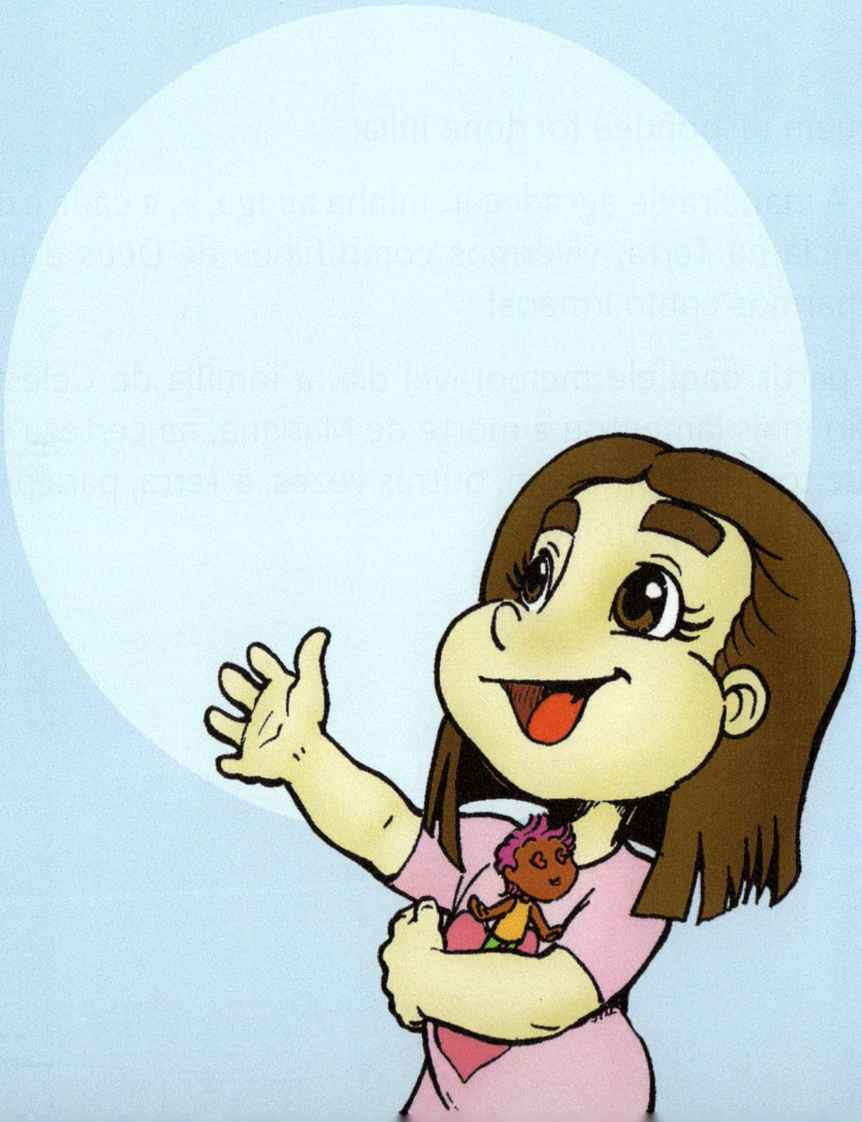

Conheça outras obras infantis da FEB Editora.

A Rua Sem Nome

Imagine um local em que todas as pessoas são tristes e solitárias. É a Rua Sem Nome!

Bené, que mora bem lá no fim desta rua, é um menino de coração muito bom, que recolhe material descartável para vender.

Ele escolheu um nome para a rua. Sabe qual?

Depois de ler esta incrível historinha, você, amiguinho, também pode escolher um nome para a Rua Sem Nome!

Use a imaginação!

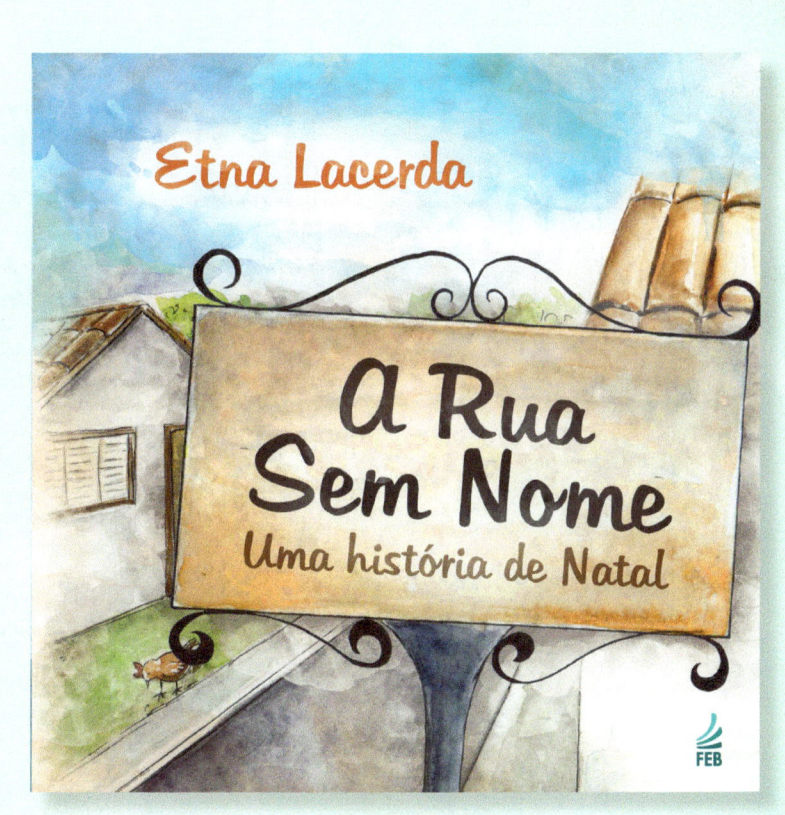

Etna Lacerda
A Rua Sem Nome
Uma história de Natal

FEB editora
Livro espírita para um novo mundo
www.febeditora.com.br
@febeditoraoficial
@febeditora

Conselho Editorial:
Carlos Roberto Campetti
Cirne Ferreira de Araújo
Evandro Noleto Bezerra
Geraldo Campetti Sobrinho – Coord. Editorial
Jorge Godinho Barreto Nery – Presidente
Maria de Lourdes Pereira de Oliveira
Miriam Lúcia Herrera Masotti Dusi

Produção Editorial:
Elizabete de Jesus Moreira

Revisão:
Rosiane Dias Rodrigues

Capa e Ilustrações:
Impact Storm

Diagramação:
Ingrid Saori Furuta

Normalização Técnica:
Biblioteca de Obras Raras e Documentos Patrimoniais do Livro

Esta edição foi impressa no sistema de Impressão pequenas tiragens, em formato fechado de 210x210 mm. Os papéis utilizados foram o Couche Fosco 90 g/m² para o miolo e o Cartão 250 g/m² para a capa. O texto principal foi composto em fonte Overlock 16/19,2. Impresso no Brasil. *Presita en Brazilo.*